TEXTOS COMPLETOS

JAVIER ALFAYA

Chaikovsky

Alianza Editorial

Diseño de cubierta: Ángel Uriarte

© Javier Alfaya
© Alianza Editorial, S. A. Madrid, 1995
Calle J. I. Luca de Tena, 15; 28027 Madrid; teléf. 393 88 88
ISBN: 84-206-4686-5
Depósito legal: M. 27.088-1995
Impreso por TORAN, S. A.
Printed in Spain

Introducción

La vida de Chaikovsky transcurrió a lo largo de cincuenta y tres años, entre el 7 de mayo de 1840 y el 6 de noviembre de 1893. El futuro compositor nació bajo el reinado del zar Nicolás I, que gobernó el imperio ruso entre 1825 y 1855 y fue para muchos la encarnación más acabada de una monarquía que se definía como autocrática y ajena a cualquier veleidad liberal. Rusia era entonces un país del que se sabían muy pocas cosas, salvo que era gigantesco. Era un imperio multiétnico, multilingüístico y multirreligioso, asentado en los confines de Europa.

En esa complicada y un tanto caótica estructura política, social y cultural se empezaban a producir lentos cambios, algunos de los cuales sucedieron a lo largo de la vida de Chaikovsky. A pesar de que el país vivía en lo que se podría caracterizar convencionalmente como un régimen feudal y que la falta de movilidad social y una rígida jerarquización la mayoría de la población. empezaban a surgir aquí y allá elementos de cambio eran unos principios tácitamente admitidos por la mayoría de la población. Entre ellos hay que señalar como el más importante la abolición de la servidumbre. La servidumbre era una institución inicua, una herencia de edades más os-

5

curas en plena época de la revolución industrial. En 1858 existían en Rusia 22.500.000 siervos, es decir hombres y mujeres que realmente pertenecían, en cuerpo y alma, a otras personas. Una novela genial como *Almas muertas* de Nikolay Gogol puede dar una idea de lo que significaba semejante institución en la vida rusa. Desde luego que insituciones similares a la servidumbre existían en otros lugares, aunque ya no en Europa Occidental. Sin embargo la esclavitud estaba en la base de las economías de los países americanos —la desaparición de los esclavos negros no se produjo en EE. UU. hasta la guerra civil entre norte y sur de 1865. Y desde luego persistía en determinadas regiones de Asia y África. Todos los reformistas rusos habían pretendido acabar con la servidumbre. Pero no fue hasta el reinado de Alejandro II, que transcurrió entre 1855 y 1881, cuando se produjo esa transformación que, pese a sus insuficiencias, marcó un hito realmente histórico en la vida rusa. Tan arraigada estaba, tan habitual era la compra-venta de seres humanos en la Rusia zarista, que un hombre de espíritu tan refinado y liberal como el gran novelista Ivan Turgueniev, enemigo acérrimo de la servidumbre, al ser temporalmente confinado por las autoridades en su propia finca acusado de escribir una nota necrológica considerada subversiva a la muerte de Gogol, compró por seiscientos rublos a una bella sierva para que le distrajera en su forzado ocio.

La paradoja de Rusia radicaba en que un país con características tan arcaicas y tan aislado de los centros de actividad más avanzados de la civilización europea, fuera a la vez capaz de generar una élite intelectual tan luminosa. En efecto, el siglo XIX es una especie de Siglo de Oro de la cultura rusa, cuya onda expansiva alcanza hasta más allá de la fecha del estallido de la revolución bolchevique. Escritores de la talla mundial de Pushkin, Lermontov, Dostoyevsky, Tolstoy, Chejov, Turgeniev o Gogol, científicos como Lobachevsky, padre de la geometría no-euclidiana, y músicos como el propio Chaikovsky, Borodin, Glinka, Rimsky-Korsakoff o Mussorgsky, ejercieron una vasta influencia más allá de las fronteras del imperio ruso.

La coexistencia de esa élite exigente y dotadísima y una población masivamente ignorante, a la que se negaba cualquier derecho político y social, produjo a la larga una situación revolucionaria. Dividida entre occidentalistas, partidarios de una modernización de la vida del país siguiendo los módulos de los países avanzados de Europa Occidental, y eslavófilos, contrarios a cualquier occidentalización, nacionalistas y aislacionistas, las capas intelectuales rusas —la famosa *intelligentsia,* un nombre que se ha hecho universal— iniciaron durante los años intermedios y finales del siglo XIX, cuyos antecedentes se encuentran en la famosa insurrección «decembrista» de los años treinta, un proceso de radicalización social y política que se reflejó enseguida en movimientos revolucionarios.

La consigna de «Ir al pueblo» movilizó en los años setenta a miles de jóvenes estudiantes, que se dedicaron, en una verdadera labor misionera, a la vana tarea de sacudir las conciencias de los campesinos y hacerles reivindicar sus derechos a las libertades políticas y a la propiedad de la tierra. El fracaso de ese movimiento abrió la puerta a otros más radicales. La sucesiva creación de organizaciones clandestinas como «Tierra y Libertad» primero y más tarde de «La Voluntad del Pueblo», que no dudaban en recurrir al terrorismo para conseguir sus fines, agitó las aparentemente apacibles aguas de la vida rusa e inició una era de convulsiones que culminaron en la Revolución de Octubre de 1917.

Mientras tanto Rusia, a trancas y barrancas, se modernizaba. Las inversiones de capital extranjero, especialmente inglés, francés y alemán, la introducción del sistema ferroviario, la aparición —a partir de la abolición de la servidumbre— de una nueva mano de obra disponible para la industria, terminaron por minar los fundamentos de la autocracia y en ese proceso la labor de los intelectuales fue decisiva. La guerra de Crimea (1853-56), que terminó con la derrota rusa frente a Francia y Gran Bretaña, dejó al descubierto las insuficiencias de un sistema arcaico, y la política de Alejandro III, que gobernó entre 1881-94, acentuó la represión contra quienes expresaban aspiraciones de carácter democrático y la condición autocrática de la monarquía, significando así un importante paso atrás con respecto a su antecesor, Alejandro II, asesinado por los terroristas en 1881, los cambios eran imparables

Cuando Chaikovsky murió Rusia vivía ya en una situación inestable, que haría crisis en la guerra contra Japón de 1905 y la revolución posterior. Las semillas de la transformación se habían sembrado a lo largo del siglo. Chaikovsky que a pesar de su profundo rusismo era un occidentalista convencido, no fue un hombre politizado pero sí partidario de reformas. En su diario y en sus cartas hay observaciones que reflejan su inconformidad ante la política oscurantista de Alejandro III. Fue amigo de escritores tan eminentes como Anton P. Chejov, con el que le unía una admiración mutua, el mejor cronista del lento derrumbe de la vieja Rusia y del tortuoso parto de una nueva mentalidad social y política. Y resulta una ironía de la historia que el sistema que elevó su figura y su obra

8

a la altura de los mitos nacionales fuera un sistema —el soviético— con el cual no tenía ni el más remoto punto de contacto. El compositor, que no tuvo inconveniente en escribir obras de circunstancias para los servicios de la Iglesia ortodoxa —en cuya dogmática no creía— y en alabanza del zarismo, se convirtió, por obra y gracia de una revolución marxista triunfante, en guía e inspiración de los músicos que vivieron la experiencia de una de las mayores convulsiones socio-económicas y políticas que ha conocido la Historia.

Vida

Piotr Ilych Chaikovsky nació en Kamsko-Votkinsk, provincia de Uyatka, el 7 de mayo de 1840 y murió en San Petersburgo el 6 de noviembre de 1893. Fue el segundo hijo de un ingeniero de minas y empresario, casado en segundas nupcias con Alexandra Andreyevna (de soltera Assier), descendiente de un emigrado ruso. Según parece no había en su familia indicios de mayor interés por la música que el normal en una familia de clase media acomodada de aquella época. El joven Chaikovsky tomó muy pronto lecciones de piano y fue el uso del orquetrión, un instrumento mecánico parecido al organillo que reproducía músicas famosas, lo que le abrió el apetito de mayores conocimientos. En el orquestrión familiar escuchó fragmentos del _Don Giovanni_ de Mozart y se sintió arrebatado por una pasión que no le abandonó en toda su vida. También empezó a estudiar mazurkas de Chopin y a conocer composiciones de músicos italianos como Bellini, Rossini y Donizetti.

Educado en una elegante institución, la Escuela Schmelling, donde lo pasó muy mal, siguió con sus lecciones de música, y un traslado por razones de trabajo de su padre llevó a Chaikovsky y a su madre de nuevo a San

Petersburgo, donde inició los cursos preparatorios para ingresar en la Escuela de Jurisprudencia. Su carácter hipersensible e inestable le hizo sufrir mucho al separarse de su madre y hubo episodios en su niñez que le marcaron profundamente —por ejemplo, la muerte del un hermano de un amigo suyo que lo cuidó durante un ataque de escarlatina, lo que le creó un profundo sentido de culpa. En la Escuela de Jurisprudencia pasó nueve largos años y fue allí, según todos los indicios, donde descubrió sus tendencias homosexuales, que tan decisiva influencia iban a tener en su vida. A los catorce años recibió un golpe durísimo con la muerte prematura de su madre y para compensar esa pérdida se entregó con mayor intensidad que nunca al cultivo de la música. Graduado en 1859, Chaikovsky se convirtió en un modesto funcionario del Ministerio de Justicia y durante un tiempo tuvo que olvidarse de su propósito de dedicarse profesionalmente a la música.

En 1861 comenzó a estudiar con Nikolai Zaremba en la Sociedad Musical Rusa, embrión del futuro Conservatorio de San Petersburgo, fundado al siguiente año. Allí estudió también con un compositor que ejercería una gran influencia en su vida, Anton Rubinstein, que enseguida se dio cuenta de las excepcionales cualidades de su discípulo.

En 1863 Chaikovsky renunció a su puesto en el Ministerio, decidido por fin a dedicarse plenamente a la música, para lo cual contó con el apoyo de Rubinstein, que le proporcionó algunas clases que le permitieron ganarse el sustento —la situación económica familiar había declinado. En 1865 se produjo la primera interpretación pública de una obra del joven compositor, unas *Danzas características,* que estrenó en Pavlosk nada menos que Johann Strauss.

25 years old

En 1865 el hermano de Anton Rubinstein, Nikolai, ofreció a Chaikovsky un puesto de profesor de armonía en la sección de Moscú de la Sociedad Musical Rusa, que un año más tarde —igual que había sucedido en San Petersburgo— se convirtió en Conservatorio. En Moscú Chaikovsky amplió su círculo de relaciones y conoció a Pyotr Jurgenson, que posteriormente fue su editor. Moscú, una ciudad dotada de menos encantos que San Petersburgo, se convirtió en el centro de la incipiente industrialización rusa a la vez que en la capital donde se concentraban las ilusiones de los eslavófilos, que la consideraban más castizamente rusa que la capital de Pedro el Grande, considerada demasiado cosmopolita y europeizante. El estreno por parte de Nikolai Rubinstein de una *Obertura en fa mayor* de Chaikovsky, bien recibida por el público, animó a éste a intentar la composición de una sinfonía, que le ocupó a lo largo de todo 1866 y resultó una de las obras más laboriosas de toda su carrera.

A finales de ese año Rubinstein estrenó el Scherzo de esa obra en Moscú con muy escaso éxito, cosa que no ocurrió sin embargo con el segundo movimiento, Andante cantabile ma non tanto, estrenada por el mismo director en San Petersburgo. Aun así la sinfonía entera tardó dos años en ser estrenada. Fue por esa misma época cuando Chaikovsky comenzó a considerar la posibilidad de componer una ópera y encontró inspiración en un melodrama del famoso dramaturgo Aleksandr Nikolayevich Ostrovsky (1823-86) titulado *El voyevoda*. De paso hay que decir que las obras de Ostrovsky sirvieron también de inspiración a dos obras maestras de la música, dos óperas, *La doncella de nieve* de Rimsky-Korsakoff y *Katia Kabanová* de Leos Janaček. Sin embargo con Chaikovsky tuvo menos fortuna. Las relaciones entre escritor y músico se agriaron cuando éste perdió la parte del libreto que el primero le había enviado, y terminó por retirarse del proyecto. Presentada en 1869 la obra tuvo escaso éxito y posteriormente el compositor la destruyó, igual que hizo con su ópera siguiente, *Ondina*.

En 1867 Chaikovsky vivió una curiosa historia de amor, la única conocida con una persona de distinto sexo al suyo. El compositor se enamoró o creyó enamorarse de la cantante Désirée Artôt, a la que conoció en septiembre de ese año, y con la cual pensó incluso en casarse. Se interpuso, sin embargo, un barítono español llamado Mario Padilla, que terminó casándose con Désirée y el único idilio con una mujer que Chaikovsky mantuvo en su vida se deshizo. Otro encuentro importante, pero en un plan distinto, se produjo a finales de 1868 con Mily Balakirev (1837-1910), el compositor que encabezaba el grupo de compositores nacionalistas conocido como «Los cinco» o «Los poderosos cinco» —formado por César Cui, que con el tiempo se convirtió en el crítico más feroz de Chaikovsky, Mussorgsky, Rimsky-Korsakoff y Borodin. El encuentro se mostró fecundo para Chaikovsky, a pesar de las diferencias que mantuvo siempre con Balakirev, cuya opinión buscaba con afán. Como prenda de amistad Chaikovsky le dedicó la fantasía sinfónica *Fatum*, que Balakirev mismo estrenó en San Petersburgo a pesar de sus reservas con respecto a ella. Los esfuerzos de Chaikovsky por conseguir la aprobación de Balakirev tuvieron irregular fortuna, pese a lo cual le dedicó una obra tan importante como su *Romeo y Julieta*.

Terminados en 1870 *Romeo y Julieta* y su *Cuarteto de cuerda, n.º 1* el compositor comenzó a escribir una nueva ópera, *El oprichnik*, sobre un miembro de la *oprichna,* la terrible guardia personal de Iván el Terrible, que fue junto con *Vakula el herrero* (basada en un texto de Gogol) la mayor aportación del músico al acervo nacionalista. En 1873 estrena uno de sus mejores poemas sinfónicos, *La tempestad,* y su *Sinfonía n.º 2,* que había dado a conocer a un grupo de amigos en casa de Rimsky-Korsakoff en su transcripción para piano, consiguiendo una gran aceptación. De dos años después es su *Concierto para piano y orquesta n.º 1,* que Nikolai Rubinstein criticó al principio acerbamente.

En 1874 Chaikovsky realiza uno de sus frecuentes viajes al extranjero, viajes que casi siempre emprende lleno de ilusión pero en los que finalmente siente una gran nostalgia y deseos de volver a Rusia y a los hermosos parajes donde transcurrió su juventud. En ese viaje asiste en París a una representación de *Carmen* de Bizet, que le impresionó vivamente. Poco después, en julio, acude a Bayreuth, al festival wagneriano, donde le recibe Liszt, un compositor que dejó honda huella en él. La relación de Chaikovsky con la música de Wagner, como en general con una buena parte de la música alemana, es conflictiva y contradictoria. El compositor ruso admiró muchas cosas en Wagner pero también se sintió profundamente repelido por otras, pese a lo cual en la música de Chaikovsky hay huellas indisimulables —que se encuentran incluso en una obra tan personal como la *Sinfonía n.º 6*— del influjo de la estética wagneriana. Pero su admiración era equívoca —en una de sus cartas habla de la tetralogía del Anillo del Nibelungo como de «ese grandioso monumento al autoengaño»— y el gusto del compositor ruso siempre se orientó más, en lo cual hay posiblemente alguna razón biográfica, por ejemplo su ascendencia francesa, hacia la música de sus contemporáneos franceses.

A finales de 1876 se produjeron dos acontecimientos que alteraron profundamente la vida de Chaikovsky. Es entonces cuando conoce a Nadezhda von Meck, millonaria y apasionada melómana, que se convierte en su protectora. Fue una relación muy larga y extraña. Ambos no llegaron nunca a conocerse, y sin embargo entre ellos medió una copiosa correspondencia. La señora von Meck era viuda, inmensamente rica y posiblemente una *snob* de altos vuelos, pero de indudablemente exquisito gusto musical, pues su otro gran protegido se llamó nada menos que Claude Debussy, del cual, por cierto, enviaba partituras a Chaikovsky. Esa extraña relación se rompió brusca y totalmente cuando la señora von Meck, aduciendo unos inexistentes problemas financieros, dejó de enviar dinero al músico que durante años había podido vivir con holgura gracias a esa ayuda. No se sabe cuáles fueron las razones verdaderas de esa ruptura, pero ésta se produjo de modo tan drástico y radical como se había producido la aparición de la dama en la vida del compositor. Chaikovsky quedó desolado, y no sólo por razones económicas, pues había puesto en la relación una real afectividad.

Pero si el encuentro con la von Meck tuvo un efecto enormemente beneficioso en la vida de Chaikovsky no ocurrió lo mismo al conocer a una joven llamada Antonina Milyukova. Esta joven, de una gran belleza y tal vez excesivamente novelera, conoció casualmente al compositor, se le declaró por carta y le pidió una cita. Después de numerosas vacilaciones Chaikovsky accedió a la cita y en ella dejó claro, ante las insinuaciones de la muchacha, que no podía sentirse físicamente atraído por ella. Qué pasó luego es algo que hoy sigue siendo un enigma. Al cabo de unos días Chaikovsky reconsideró su actitud y se decidió a dar un paso que iba a tener nefastas consecuencias: casarse con ella, aunque al parecer intentó hacerle comprender de nuevo que entre ellos no podía haber una relación sexual de ninguna clase.

No hay ninguna seguridad acerca de las motivaciones últimas de Chaikovsky. Antonina era una mujer joven, atractiva y de temperamento muy sensual, como se demostró luego. Y también con ciertos desequilibrios nerviosos que debieron agravarse ante un matrimonio de esas características. La foto oficial de boda en que aparecen los novios tiene algo de patética. Mientras que la expresión de Antonina es sonriente, propia de una persona segura de sí misma y que vive un momento de felicidad, la del compositor parece perdida y asustada, como si de pronto se diera cuenta de la grave responsabilidad que acababa de asumir. Sin duda sobre Chaikovsky debió de pesar su homosexualidad, que era un secreto a voces, y quizá trató mediante esa boda de acallar los crecientes rumores sobre ella.

Fuera como fuere se equivocó de medio a medio. Porque lo que ocurrió fue sencillamente un desastre. Al parecer Antonina Milyukova era una muchacha hipersensible y tal vez desequilibrada —terminó sus días como tal—, que se debió de tomar a la ligera las manifestaciones de Chaikovsky con respecto a la imposibilidad de una relación física. Seguramente creyó que sus encantos serían suficientes para eliminar lo que ella muy posiblemente consideró como timideces y pudores por parte de su pretendido novio. No se entienden muy bien las dudas y las contradicciones de Chaikovsky con respecto a esta situación, como no sea en el contexto de una boda planeada para encubrir una vida sexual que no se ajustaba a los cánones más ortodoxos. Los días posteriores a la boda fueron terribles. Chaikovsky intentó quitarse la vida, en una de esas acciones que parecen más un intento desesperado por llamar la atención acerca de un problema que un verdadero propósito de suicidio. Sea como fuere, el matrimonio se rompió, Antonina inició una vida de disipación y Chaikovsky guardó para siempre un desagradable y humillante recuerdo de esa unión. La infeliz Antonina, ya perturbada, insistió numerosas veces en verle y en tener una explicación con él, a lo que el músico se negó en términos extremadamente radicales.

En la época de su imposible noviazgo el compositor trabajaba en una de sus obras para orquesta más significativas, la *Sinfonía n.º 4*, en cuya atmósfera crispada y un tanto histérica han querido ver algunos críticos señales de su desdichada relación.

En 1879 un grupo de alumnos del Conservatorio de Moscú representó la ópera *Eugenio Oneguin,* tal vez su obra maestra en el género, y una de las más notables de todo el siglo XIX. Para elaborarla el compositor se basó en la famosa novela en verso del mismo título de Aleksandr Pushkin, una de las obras más geniales de la literatura rusa de todos los tiempos, iniciada en 1823 y publicada diez años más tarde. En esta ópera es bien perceptible esa peculiar sensibilidad de Chaikovsky para entrar en los entresijos de lo que se ha dado en llamar «el alma femenina». El personaje de Tatiana es, en este sentido, especialmente significativo. De esa misma época es el famosísimo *Concierto para violín y orquesta,* una pieza que figura en el repertorio de los mayores virtuosos, compuesto en un período de tiempo increíblemente breve. Los intentos fallidos de divorcio del compositor le amargaron la vida y el temor a que su mujer hiciera públicas las verdaderas causas del fracaso del matrimonio, con el consiguiente escándalo, le obligaron a vivir dentro de un círculo muy limitado de familiares, donde podía encontrar comprensión —su hermano Modest, libretista de varias de sus óperas, era también homosexual—, y amigos, recluido en el campo o viajando por el extranjero. De esos años, entre 1878 y 1884, datan sus cuatro suites para orquesta. También compuso en esa época la ópera *La doncella de Orléans*, basada en la historia de Juana de Arco, y estrenada en 1881. Los dos años siguientes los ocupó en la elaboración de otra ópera, *Mazeppa*, también basada en un texto de Pushkin, en este caso el poema *Poltava*. En 1885 inició una vasto poema sinfónico, que no ha encontrado la aceptación de sus tres últimas sinfonías, *Manfredo*. Terminado *Manfredo* el compositor empezó a trabajar en otra ópera, *La bruja*, que se saldó con un fracaso en su estreno.

Por esos años, Chaikovsky inició su carrera internacional como director de orquesta, un arte para el cual no se sentía especialmente dotado, pero con el que consiguió notables triunfos, especialmente en Alemania, Praga, Gran Bretaña y los Estados Unidos. En este último país en especial, Chaikovsky, como pasaría años después con su paisano Rachmaninov y también, en cierto modo, con otro paisano, Stravinsky, se convirtió durante su gira por el país en 1891 en un favorito de la alta sociedad norteamericana, que realmente se le rindió. Qué hubiera hecho un hombre con más recursos mundanos que Chaikovsky para aprovechar el entusiasmo que se creó a su alrededor, es algo que se debe dejar a la imaginación del lector. Le llovieron las ofertas millonarias. Pero nuestro compositor padecía de una irremediable y constante nostalgia de su patria y a ella volvió a pesar de todo.

Chaikovsky era un hombre inseguro y extremadamente nervioso, dos defectos que indudablemente pesaban negativamente sobre él cuando empuñaba una batuta. En sus cartas se encuentran constantes alusiones a sus problemas frente a las orquestas Sin embargo, con los años fue adquiriendo una mayor seguridad. En la dirección orquestal admiró por encima de todo, además de a Hans von Bülow, el gran director wagneriano, a Arthur Nikisch, el músico que revolucionó la técnica directorial, cuya autoridad y supremo dominio técnico le fascinaban. Un detalle curioso: en una carta de Chaikovsky, fechada en enero de 1891, hay una anotación que resulta conmovedora. Se refiere a su estancia en Hamburgo y al estreno allí de su *Eugenio Oneguin*. Expresa su admiración ante el director que dirigía su ópera, al que califica de «genio». Se trataba de Gustav Mahler. Como se puede comprobar Chaikovsky era realmente capaz de mirar lejos.

Fue el propio Chaikovsky quien dirigió el estreno de otras dos de sus grandes obras, la *Sinfonía n.º 5* y el poema sinfónico *Hamlet*, basado en la obra de Shakespeare. A su vuelta a Rusia, después de una gira de conciertos por Alemania, comenzó a trabajar en otro de sus grandes ballets, *La bella durmiente*, que consideraba como una de sus mejores obras, estrenada en 1890, ya en los últimos y más fértiles años de su vida. Pushkin le proporcionó de nuevo material para una nueva ópera, *La reina de picas*, obra llena de elementos fantasmagóricos, que obtuvo un gran éxito en su estreno. Después de una afortunada gira por los Estados Unidos, en 1891, el compositor inició el trabajo en una de sus obras más justamente célebres, el ballet *Cascanueces*, y la ópera en un acto *Iolanta*, que se encontraron con una acogida decepcionante.

En 1893, el último año de su vida, el reconocimiento internacional de la música de Chaikovsky encontró en su nombramiento como Doctor Honoris Causa por la universidad británica de Cambridge y su triunfal acogida en Inglaterra uno de sus momentos culminantes. Pocos meses antes de morir tuvo un emocionante encuentro en Basilea con su antigua aya, Fanny Dürbach. Este encuentro perturbó especialmente al compositor, que siempre mantuvo abiertas las heridas de su niñez y de su adolescencia, y realizó una especie de viaje al pasado al hablar con una mujer que lo había tenido en sus brazos, que se conservaba plenamente lúcida y que podía hablar de cosas que hacía tiempo yacían dormidas en la memoria de él. Los últimos meses de la vida de Chaikovsky los pasó trabajando en la que tal vez sea aún su obra sinfónica más difundida, la *Sinfonía n.º 6,* que debe su nombre de *Patética* a su hermano Modest. Obra crispada, llena de emotividad, hiperromántica y expresiva, esta obra constituyó la verdadera despedida de Chaikovsky, una especie de premonitorio Réquiem, Nueve días después de su estreno, murió.

La muerte de Chaikovsky merece un párrafo aparte. Oficialmente el compositor falleció durante una epidemia de cólera, una enfermedad contra la que entonces apenas había remedio médico. Sin embargo siempre existió el rumor de que el compositor había buscado deliberadamente la muerte al beber un vaso de agua sin hervir, lo cual estaba rigurosamente prohibido en caso de epidemia. Se le atribuyen incluso unas palabras significativas cuando tomó el vaso fatal: «Qué más da. Ahora ya importa todo lo mismo», en las que se ha encontrado la certeza de una voluntad de autoaniquilación. Hasta hace poco se ha sostenido que en Chaikovsky hubo un propósito de suicidio, y una estudiosa soviética, Alexandra Orlova, autora de varias obras importantes sobre el compositor, sostiene que la razón de ello residió en la decisión de un tribunal de honor, formado por antiguos compañeros suyos de la Escuela de Jurisprudencia, decididos a cortar la amenaza de escándalo provocada por un aristócrata ruso. Éste escribió una carta a un alto funcionario denunciando los devaneos de Chaikovsky con un sobrino suyo, informando que si éstos no finalizaban pondría los hechos en conocimiento del zar. Convocado a una reunión, Chaikovsky fue acusado de conducta irregular y se le puso ante el dilema de o un suicidio o un escándalo. El compositor entonces marchó a su casa completamente trastornado y se envenenó. En los últimos años, sin embargo, han surgido críticas a esta versión —basada según la Orlova en la confesión de uno de los miembros de aquel tribunal de honor. Aunque Rusia fuera una sociedad cerrada en lo político, no parece haberlo sido tanto, al menos en determinados círculos, en lo que concierne a los comportamientos sexuales. Según se ha sostenido, las costumbres en los círculos aristocráticos moscovitas que frecuentaba Chaikovsky, especialmente en la corte zarista, eran sumamente libres y no eran infrecuentes las relaciones homosexuales, por lo cual se considera que el peligro de escándalo, aunque real, no era tan urgente y catastrófico como para llevar al compositor al suicidio. Por otro lado, en su propia familia encontró personas dispuestas a solidarizarse con él porque compartían idénticas tendencias, como es el caso de su hermano Modest, ya señalado, que fue su confidente a lo largo de toda la vida, y su sobrino Bob, al que adoraba y con el cual posiblemente mantuvo algún vínculo amoroso. Aunque el mecanismo psicológico que puso en marcha la pulsión autodestructora posiblemente no se conocerá nunca, lo que sí parece es que los últimos días de Chaikovsky fueron terriblemente amargos, y marcados por un desafortunado episodio sentimental que acaso hizo más punzante el recuerdo de otras situaciones similares.

Chaikovsky fue un hombre de carácter hipersensible, de temperamento melancólico y reflexivo, amante apasionado de la Naturaleza. Fue un gran lector y no sólo de literatura sino de filosofía —el gran filósofo Baruch Spinoza era su pensador preferido. Gran viajero durante buena parte de su vida, en parte arrastrado por los vaivenes de sus peripecias emotivas y su necesidad de apartarse de determinadas personas y ambientes, amaba de modo especial Italia, y más en concreto Florencia, ciudad que le inspiró un notable sexteto de cuerda. Y —¿cómo no?— sintió la fascinación de París y de lo francés. Gran amante de su literatura, fue un lector apasionado de las *Confesiones* de Rousseau, leyó con sumo interés las *Cartas* de Flaubert, pero reaccionó con repugnancia ante el naturalismo de Émile Zola, que le pareció —y realmente dadas sus concepciones éticas y estéticas se entiende— vulgar y desagradable en grado sumo. Ya nos hemos referido a su gran amistad con Anton P. Chejov. Tuvo también una buena amistad con Leon Tolstoy. Además él mismo fue un buen escritor, dotado de un singular espíritu de observación y de una prosa graciosa y expresiva, como lo demuestra la lectura de sus cartas y diario.

Musicalmente su educación le llevó a admirar sobre todo a Mozart, como ya hemos indicado, y a algunos románticos alemanes como Mendelssohn y Schumann, que influyeron notablemente sn su obra, al tiempo que apreciaba la inspiración de Schubert, al que tachaba de perezoso para desarrollar plenamente sus temas. Pero en general hoy sus gustos musicales tal vez choquen un tanto.

Admiraba a compositores franceses contemporáneos suyos como Gounod, Massenet, Delibes o Saint-Säens, al tiempo que rechazaba de plano la música de Brahms, al cual conoció y trató y con el que le unió cierta amistad. Decía de él que poseía más maestría que inspiración, y añadía: «Su música no arde en el fuego del sentimiento genuino, carece de poesía, a pesar de lo cual tiene grandes pretensiones de profundidad. Y sin embargo en esas profundidades no hay nada, sólo un espacio vacío.» Admiró también profundamente a Edvard Grieg, del cual fue gran amigo, pero siempre se sintió incómodo con la música de Wagner, a pesar de la indudable influencia que ejerció sobre él. Ante Beethoven su actitud era profundamente ambigua. Admiraba su genio titánico, su formidable poder creador, pero le desesperaban los viajes a las profundidades que emprendía el músico alemán, en especial en sus últimos cuartetos. No se atrevía a renegar de él; lo consideraba de lejos, reverentemente, pero con cierta desconfianza. De Bach decía lisa y llanamente que le interesaba pero que no lo consideraba un gran genio. Consideraba un músico de cuarta fila a Haendel, le gustaba mucho Gluck y decía que había cosas que amaba en Haydn. De los músicos rusos admiraba por encima de todos a Glinka, cuya ópera *La vida por el zar*, a una representación de la cual había asistido siendo muchacho con su madre, ejerció una influencia decisiva en su formación musical.

Con sus contemporáneos rusos ya hemos dicho que tuvo una relación problemática, aunque siempre buscó la aprobación de compositores como Balakirev, que ejerció una positiva influencia sobre él, y Rimsky-Korsakoff, cuya obra valoró de modo especial. También expresó su aprecio por Liadov y Glazunov, que en cierto modo prolongan su herencia musical, y por Taneiev, del que fue amigo y maestro.

La obra

más conocidas y difundidas

En la música rusa del siglo XIX no son frecuentes los grandes sinfonistas, aunque Borodin lo fue muy notable. Rimsky-Korsakoff también intentó el género, pero sus ensayos en ese campo son menos brillantes que en el de las fantasías sinfónicas y las óperas. Chaikovsky en cambio sí es un gran sinfonista, un verdadero maestro. De sus seis sinfonías las tres primeras, pese a sus indudables bellezas, muestran una cierta debilidad estructural. Poseen, en especial las dos primeras, un indudable encanto melódico, pero carecen de la sólida arquitectura de las tres últimas, en las que el compositor aparece en la plenitud de sus poderes creativos. Junto con los ballets y conciertos, las sinfonías son la parte de la obra de Chaikovsky más conocida y difundida.

Sinfonía n.⁰ 1, en Sol menor, *Winter Dreams -*
«Sueños de invierno», opus 13

Estrenada, como ya hemos indicado, en Moscú en 1868 bajo la dirección de Nicolai Rubinstein, el subtítulo de la *Sinfonía n.⁰ 1* se refiere a los paisajes del norte de Rusia, especialmente amados por el compositor. Pese al éxito de la obra, Chaikovsky decidió revisarla en 1874, y es esa versión la que se estrenó en 1886, pero la edición totalmente revisada y por lo tanto definitiva no se dio a conocer hasta 1888. Es ésta la que hoy continúa interpretándose en salas de concierto.

Se divide en cuatro movimientos: Allegro tranquillo; Adagio cantabile ma non tanto; Scherzo-Allegro scherzando; y Finale-Andante lúgubre-Allegro moderato. Los cuatro evocan otros tantos «cuadros climáticos del alma», inspirados por uno de los temas favoritos de la poesía y la pintura rusas de su tiempo.

El primer movimiento lleva como subtítulo «Sueños del viajero», y nos introduce en una atmósfera suavemente onírica.

El segundo movimiento se subtitula «Paisaje nublado, lóbrega región», y utiliza temas de una obertura compuesta por el músico sobre una obra dramática de Ostrovsky titulada *La tormenta*. La melodía central es típicamente rusa y la entona el oboe. Su carácter es profundamente nostálgico y melancólico.

El tercer movimiento, Scherzo, cambia de clima y es ahora alegre y festivo, al ritmo de un vals.

El cuarto movimiento se inicia con un sombrío Andante y posee una mayor complejidad estructural, con elementos procedentes de la música popular, pero está menos logrado que los anteriores.

Sinfonía n.º 2, en Do menor, «Pequeña Rusia», opus 17

Estrenada por Nikolai Rubinstein en Moscú en 1873, esta sinfonía fue también objeto de revisión y reestrenada por Zicke en San Petersburgo el 31 de enero de 1881.

El subtítulo, *Pequeña Rusia*, se refiere en realidad a lo que llamamos Ucrania, que formaba parte del imperio ruso y posteriormente de la URSS, donde se encontraba la finca familiar que Chaikovsky amaba particularmente. *ᵒ∿∿∿/∿∿∿∿∿·*

Tiene cuatro movimientos: Andante sostenuto-Allegro commodo; Andantino marciale quasi moderato; Scherzo-Allegro molto vivace; Moderato assai-Allegro vivo.

Según se puede leer en sus cartas, Chaikovsky se propuso en esta obra mejorar aquellos elementos de su estilo que consideraba más débiles y, ya sea de modo deliberado o no, acercarse a la escuela de los compositores rusos —el «Grupo de los Cinco»— que buscaban su inspiración en los temas folclóricos del país.

El primer movimiento está construido a base de temas populares. En la introducción lenta y reposada nos encontramos con el tema melódico de la canción rusa «Navegando por el Volga», en su variante ucraniana, que contrasta con la impetuosidad del Allegro.

En el segundo movimiento el compositor utiliza un tema de su ópera *Ondina,* que tiene algún parentesco con el Scherzo de la *Sinfonía n.º 6, «Patética».*

El tercer movimiento es un perpetuum mobile que busca de nuevo su inspiración en elementos folclóricos.

En el cuarto movimiento el elemento más destacable es la utilización del tema popular ucraniano «Juravel» («La grulla»), melodía que se repite hasta ocho veces con diversos matices en la introducción. También nos encontramos una melodía de origen oriental y el final es una brillante danza.

Sinfonía n.º 3, en Re mayor

Estrenada por Nikolai Rubinstein el 7 de noviembre de 1875, esta sinfonía, compuesta en un período de tiempo muy breve, tiene la peculiaridad de dividirse en cinco movimientos: Moderato assai-Allegro brillante; Alla tedesca; Andante elegíaco; Scherzo-Allegro vivo; Final-Allegro con fuoco (Tempo di polacca). Es precisamente ese movimiento final el que ha hecho que a veces se subtitule equivocadamente esta sinfonía como «Polaca». Es la única sinfonía de Chaikovsky escrita en modo mayor y revela una notable influencia de Robert Schumann.

El primer movimiento se inicia con una marcha fúnebre seguida de un allegro dividido en tres temas, uno de carácter solemne en Re mayor, otro en Si bemol mayor y un tercero en la mayor. El segundo movimiento es un *ländler* en forma ABA. El tercero es de carácter quejumbroso y el más expresivo de toda la obra.

El cuarto, también en forma ABA, tiene un carácter grotesco, con unas derivaciones de humor ácido. El primer tema de este movimiento se encuentra casi literalmente repetido en la escena en que el fantasma de la anciana condesa se le aparece a Hermann en su ópera *La reina de picas*. El quinto movimiento es una brillante polonesa, con una gran fuga en su segunda parte.

Sinfonía n.º 4, en Fa menor, opus 36

Estrenada una vez más por Nikolai Rubinstein, en 1878, con escaso éxito, lo alcanzó, sin embargo, muy grande cuando ese mismo año la dirigió Napravnik en San Petersburgo. Está dedicada a Nadja von Meck y fue compuesta en uno de los períodos más tormentosos y a la vez más creativos de la vida del compositor.

Se divide en cuatro movimientos: Andante sostenuto-Moderato con anima (in movimiento di valse); Andantino in modo di canzona; Scherzo (Pizzicato ostinato)-Allegro; Allegro con fuoco.

Para describir el primer movimiento, que se inicia con una fanfarria de trompas y trompetas, apoyada por las maderas, Chaikovsky escribió a la señora von Meck: «Es el Destino, esa fuerza inevitable que impide que se realicen nuestros sueños de felicidad... Es ineluctable y nunca se puede evitar.» Llega después una melodía en tempo de vals y termina en una coda de carácter dramático y desesperado.

En el segundo movimiento la melodía de la *canzona* es entonada por el oboe solista y repetida luego por el violonchelo y el fagot. Tiene un carácter crepuscular, de nostalgia infinita y sin remedio.

En el tercer movimiento la orquesta dibuja una serie de arabescos, iniciándose con las cuerdas en un pizzicato ostinato de apabullante belleza e irresistible fuerza rítmica, que da paso a una cancioncilla tocada por las maderas y el sonido de una marcha militar que se aleja.

En el cuarto movimiento Chaikovsky se esforzó por romper el tono subjetivamente melancólico de los dos primeros movimientos y ofrecernos un final brillante y lleno de vida. «Alégrate con la felicidad de los demás —dice el compositor—, y la vida se volverá soportable.» Hay una preciosa melodía que procede de una canción folclórica rusa titulada «En los bosque se alza un abedul». La reaparición amenazadora del tema del destino parece ensombrecer la última parte, pero la sinfonía termina con una recuperación del tono optimista y juvenil.

Estrenada en San Petersburgo bajo la dirección del propio Chaikovsky, el día 5 de noviembre de 1888, fue recibida fríamente por el público; alcanzó sin embargo un gran éxito un año más tarde cuando la dirigió en Hamburgo.

Se divide en cuatro movimientos: Adagio-Allegro con anima; Andante cantabile con alcuna licenza; Allegro moderato; Andante maestoso-Allegro vivace.

El primer movimiento se inicia en un tono sombrío con la intervención de clarinetes, fagots y cuerdas en registro grave. Volvemos a la atmósfera sombría de la *Sinfonía n.º 4*, a la constante apelación al destino como fuerza destructora ineludible, que gobierna implacablemente la vida.

En el segundo movimiento la cuerda grave da paso a una intervención de la trompa, que canta la melodía principal, a la que sigue un nuevo motivo que expone el oboe y luego repite la cuerda grave. En la parte central, hay un momento de respiro y serenidad con una dulce melodía del clarinete, interrumpida después por la reaparición del tema cíclico en las trompetas, aunque al final nos encontramos de nuevo con una calma resignada y melancólica.

En el tercer movimiento la sinfonía cambia de atmósfera, con un vals de delicada belleza, pero lleno de inquietantes matices que revelan una cierta angustia.

El movimiento final de la sinfonía denota ambigüedad, pues no queda claro del todo si lo que el compositor nos plantea es un final triunfal o desesperado, pese a las apariencias. Reaparece el tema cíclico totalmente distinto, bajo la forma de un coral en modo mayor. En la coda vuelve a aparecer el tema principal del primer movimiento, que ahora aflora brillante y lleno de fuerza optimista en una especie de apoteosis.

Sinfonía n.º 6, «Patética», opus 74

Estrenada el día 16 de octubre de 1893 en San Petersburgo bajo la dirección del propio Chaikovsky, se divide en cuatro movimientos: Adagio-Allegro ma non troppo; Allegro con grazia; Allegro molto vivace; Adagio lamentoso.

La *Sinfonía n.º 6* está rodeada, en cierto modo, por un halo de leyenda. La muerte casi inmediata de Chaikovsky después de su estreno, el carácter predominantemente solemne y funeral de la obra, han inspirado una vasta literatura, en muchos casos sin sentido. Siempre es muy difícil relacionar vida y obra de un artista de un modo inmediato, sin mediaciones. Pero de lo que no cabe duda es que esta obra poderosa y a veces lastrada por una emotividad excesiva, supone uno de los momentos cumbre de la obra del compositor.

Como la *Sinfonía n.º 5*, la *n.º 6* se inicia de modo inquietante y amenazador, para dar paso enseguida a un pasaje de los violines luminoso y alegre que se va extinguiendo hasta llegar a un violento final. La música adquiere enseguida un tono casi litúrgico y de nuevo la voz lúgubre del destino se deja oír con fuerza

En el segundo movimiento nos encontramos con un vals encantador, que sin embargo enseguida revela un tema que nos devuelve a la atmósfera sombría del primer movimiento.

El tercer movimiento es uno de los momentos en los

que el virtuosismo orquestal de Chaikovsky, su formidable sentido del ritmo, alcanzan su cumbre. Es un scherzo lleno de salvaje energía.

La impresión del último movimiento es indudablemente la de una despedida desgarradora, una especie de canto solemne lleno de presagios. Al contrario que en la mayor parte de las sinfonías no recurre a un final triunfal y exultante sino a la creación de una atmósfera de tristeza y resignación.

Sinfonía «Manfredo», opus 58

Estrenada en Moscú bajo la dirección de Erdmansdörfer el 23 de marzo de 1886, la sinfonía *Manfredo* es una obra directamente influenciada por Berlioz, al que Chaikovsky conoció personalmente. Basada en un poema de Lord Byron, que también inspiró a Schumann, se divide en cuatro movimientos: Lento lúgubre-moderato con moto-Andante; Vivace con spirito; Andante con moto; Allegro con fuoco.

En el primer movimiento el héroe, Manfredo, vaga por los Alpes abrumado por sus remordimientos. Desesperado decide recurrir a los poderes infernales para que le socorran. Pero no encuentra alivio y una y otra vez vuelve a él la imagen de su amada Astarté, muerta por su culpa.

En el segundo el paisaje se ilumina, el Hada de los Alpes se le aparece a Manfredo junto a una cascada, en medio del arco iris.

El tercer movimiento es de inspiración pastoral, describiendo la vida sencilla y pobre de los montañeses en una de esas idealizaciones a las que eran muy dados los artistas románticos.

Finalmente, el cuarto movimiento es una orgía infernal en el palacio de Ahrimán, que concluye con la presencia de la sombra de Astarté, que anuncia la redención —otro gran tema éste del romanticismo— de Manfredo, que muere.

Manfredo es una obra irregular, sobre la que el compositor tenía una alta idea, que la posteridad no ha confirmado enteramente a pesar de su indudable valor.

LAS SUITES DE ORQUESTA

Las suites para orquesta de Chaikovsky son obras indudablemente menores dentro de su producción sinfónica, pese a lo cual fueron durante su vida muy conocidas y difundidas En total son cuatro, de dimensiones notables y de indudable belleza.

La *Suite n.º 1* está dedicada a Nadezhda von Meck y se estrenó en Moscú el 23 de noviembre de 1879. Es contemporánea del famoso *Concierto para violín y orquesta,* con el cual tiene más de un punto en común. Está estructurada en seis partes: Introduzione e fuga; Divertimento; Intermezzo; Marche miniature; Scherzo; Gavotte.

La *Suite n.º 2* fue estrenada el 4 de febrero de 1884 en Moscú por Erdmannsdörfer, y se divide en cinco partes: Jeu de sons; Valse; Scherzo burlesque; Rêves d'enfant; Danse baroque. Es una obra de brillante orquestación y de un juego melódico lleno de gracia. Un detalle a destacar es que en el Scherzo hay una notable innovación instrumental como lo es la del empleo *(ad libitum)* de cuatro acordeones.

La *Suite n.º 3* fue estrenada en San Petersburgo el día 12 de enero de 1885 y bajo una batuta de excepción: la de Hans von Bülow, constituyendo uno de los mayores éxitos en la carrera del compositor. Se divide en cuatro partes: Elègie; Vals melancolique; Scherzo; Tema con varizioni. Es la más sinfónica de las cuatro suites. Al parecer, según se refleja en su diario, Chaikovsky había pensado en una sinfonía, pero finalmente se decidió por este tipo de composición.

Suite n.º 4, «Mozartiana»

Fue estrenada por el autor en Moscú el 14 de noviembre de 1887. Fue compuesta como homenaje al ídolo musical de Chaikovsky, W. A. Mozart, y para conmemorar el centenario del estreno en Praga de *Don Giovanni*. Se divide en cuatro partes: Gigue; Menuet; Preghiere; Thème et variations. Se trata de una sucesión de orquestaciones de piezas de Mozart para piano (las dos primeras); del «Ave verum» Preghiera; y de unas variaciones sobre un tema de Gluck. La obra es notable por la fidelidad con que el compositor ruso recrea los originales mozartianos, con una orquestación diáfana y luminosa, digna de su inspirador.

LOS BALLETS

Chaikovsky es una de las figuras fundamentales en la historia de la música para ballet. Realmente sus tres grandes ballets *El lago de los cisnes, La bella durmiente* y *Cascanueces* figuran en el repertorio de las mejores compañías, y se cuentan entre las obras más populares de su autor. Chaikovsky tenía un genio particular para componer músicas que se adaptaran a la danza porque su sentido del ritmo y la melodía se adaptaba admirablemente a las necesidades de ésta. Con la obra de Chaikovsky comienza la gran escuela de ballet rusa y resulta curioso que pese al origen eminentemente aristocrático de cada una de estas obras, concebidas para ser representadas ante un público cortesano, el espíritu que las inspiró fuera respetado e incluso fomentado en la Rusia soviética, mantener la alta calidad de cuyas compañías de ballet fue una de las constantes culturales del régimen.

El lago de los cisnes

La obra le fue encargada a Chaikovsky por los Teatros Imperiales de Moscú y fue estrenada el 4 de marzo de 1877 en el célebre Teatro Bolshoi de Moscú. La dirección coreográfica, que al parecer dejó bastante que desear, corrió a cargo de Julius Reisinger. El estreno constituyó un fracaso. Tanto el attrezzo como los decorados eran muy malos, la prima ballerina mediocre y el director de orquesta un aficionado que se vio desbordado por la complejidad y la calidad de la partitura. Además se sustituyó un tercio de la obra por fragmentos de ballets de otros compositores. Chaikovsky, en un típico arrebato depresivo, se culpó del fracaso y trató de olvidar la obra. Sin embargo el gran coreógrafo Marius Petipa, ya fallecido el compositor, revisó la obra y dio a conocer la versión completa el 27 de enero de 1895 en el Teatro Mariinsky de San Petersburgo. El éxito fue inmediato.

Para componer esta obra Chaikovsky utilizó materiales de un ballet primitivo basado en la leyenda alemana «Der Schwanensee» («El lago de los cisnes») y un fragmento de su ópera *Ondina,* así como de su ópera *voyevo-da.* Está dividida en cuatro actos. La acción se desarrolla en un castillo y el ballet evoca la atmósfera mágica de una Edad Media totalmente idealizada. La música de Chaikovsky se adapta perfectamente a ese mundo onírico y evanescente, cuyo dramatismo es sólo un pretexto para el despliegue del prodigioso genio orquestador del autor.

La bella durmiente

Estrenado el 3 de enero de 1890 en San Petersburgo, el día anterior, durante el ensayo general, contó con la presencia del zar, que mostró su agrado ante la obra. La coreografía estuvo a cargo del eminente Marius Petipa y la idea original se basa en el famoso cuento de Perrault acerca de la princesa objeto del odio del hada malvada Carabús, irritada por no haber sido invitada a su bautizo, que se redimirá de su sueño mortal por el beso de un príncipe. La lectura de los cuentos de Perrault que se hizo durante el romanticismo —y Chaikovsky es un típico representante, aunque tardío, de esa escuela— tendía a privilegiar los aspectos sentimentales e idealizadores de éstos, en detrimento de su significado simbólico profundo, mucho menos idílico. Hijo de su tiempo y sobre todo morbosamente emotivo, siempre rayando en un cierto sentimentalismo, Chaikovsky encontró en este tema un campo ideal para hacer discurrir su gusto por las situaciones tiernas y encantadoras. La obra le fue encargada por Vsevoloshky, director del ballet de los Teatros Imperiales, que deseaba un ballet que en cierto modo reprodujera el estilo de la Francia cortesana del siglo XVIII y sus músicas.

Sin embargo, pese a su éxito, *La bella durmiente* n.
fue una obra plenamente comprendida en su tiempo y
hubo de esperar bastantes años tras la muerte del compositor para que se la considerara en sus verdaderas dimensiones. Fue Serge Diaghilev quien, a partir de 1921, dio
una difusión internacional a este ballet, el cual se divide
en tres actos: Prólogo: El bautizo; Acto I: La maldición;
Acto II: La visión; Acto III: La boda.

Al contrario que ocurre en *El lago de los cisnes* aquí la
acción dramática posee una mayor relevancia y algunos
de sus episodios son realmente memorables.

Cascanueces

Estrenada en San Petersburgo el 19 de marzo de 1892,
Cascanueces es una obra que Chaikovsky no apreció demasiado —tenía, en cambio, la más alta consideración de
La bella durmiente— y tuvo escaso éxito de público. Musicalmente acaso no sea el mejor de los tres ballets pero
posiblemente es el más popular, algunos de cuyos núme-
ros se han vuelto familiares para un público amplísimo.
En su estreno en el Teatro Mariinsky se representó junto
con la ópera *Yolanda*. Fue Marius Petipa quien le dio la
idea a Chaikovsky para componer un ballet basado en
una obra de Alejandro Dumas padre.

La historia que se nos narra es la de un grupo de niños
de una familia acomodada que se reúnen en torno a un
abeto durante la Nochebuena. Un vecino les regala un
cascanueces, que resulta ser un objeto con vida propia
que encabeza una expedición de los ratones en contra de
los juguetes reunidos en la estancia decorada para la Na-
vidad. El cascanueces al final se convierte en un príncipe

or que lleva a Clara, la niña, al reino de Confitu-
g.

trario de lo ocurrido en sus ballets anteriores,
Chaikovsky prescindió aquí de una trama dramática y
organizó la obra en una serie de cuadros débilmente tra-
bados entre sí, que siguen casi al pie de la letra las indi-
caciones de Petipa en cuanto a duración y carácter de la
música. En la instrumentación de la obra Chaikovsky in-
trodujo un nuevo instrumento, que conoció en París y
cuyo sonido le fascinó, la celesta, que desde entonces ha
entrado con derecho propio a formar parte de numerosas
partituras musicales. El hechizo de *Cascanueces* se basa
en su deslumbrante sucesión de melodías danzables, algunas de ellas tan famosas como el «Vals de las flores», la
«Danza de los mirlitones», la «Obertura en miniatura» o la
«Danza española».

Los tres grandes ballets de Chaikovsky han llegado a
las salas de conciertos en forma de diversas suites, de va-
riable composición, siguiendo los criterios de los directores de orquesta que las han incluido en sus repertorios.

FANTASÍAS Y POEMAS SINFÓNICOS,
OBERTURAS, SERENATAS

Chaikovsky, sobre el cual ejerció Liszt una influencia
mayor de lo que posiblemente hubiera reconocido, escribió, al estilo de éste, varios poemas o fantasías sinfónicas,
entre las cuales se encuentran páginas de una extraordinaria belleza. Entre las más importantes se deben citar
obras como *Fatum, Romeo y Julieta, La tempestad* y
Francesca de Rimini.

Fatum (Fatalidad), *opus* 77, fue estrenada el 15 de

abril de 1869 en San Petersburgo, bajo la dirección de Nikolai Rubinstein. Balakirev —a quien estaba dedicada— se mostró altamente crítico con la obra de su amigo y éste, siempre sensible a las opiniones de las personas a las que respetaba, la destruyó, aunque fue reconstruida tras su muerte, en 1896. Se trata de un tema muy querido por Chaikovsky y que estará más tarde presente a lo largo de sus tres últimas sinfonías. En realidad el tema del poema sinfónico —el primero que escribió— es absolutamente abstracto: el sometimiento de los seres humanos a una fuerza superior, la fatalidad, que domina y marchita sus vidas. Musicalmente no es una de las mejores obras del autor, pero en algunas de sus partes, como en el Andante, ya es perceptible su gusto por el color orquestal.

Romeo y Julieta fue estrenada el 4 de marzo de 1870 en Moscú por Nikolai Rubinstein en una primera versión. El compositor la revisó dos veces, la primera en 1872 —estrenada en San Petersburgo bajo la dirección de Napravnik—; y luego, en su forma definitiva, fue presentada por el compositor y director de orquesta Ippolytov-Ivanov en Tiflis, en 1886. Es, sin duda, la obra más perfecta en su género que escribió el compositor. Como todos los artistas románticos, Chaikovsky se sintió atraído por el teatro de Shakespeare. Nada importa que su interpretación romántica y cargada de un exceso de sentimentalidad sea ajena a la verdadera sustancia de la obra shakesperiana. Es el caso que a él, como a otros grandes compositores del siglo XIX —y del XX—, Shakespeare le sirvió de inspiración.

La historia trágica de los amantes de Verona conmovía especialmente al compositor, que dudó mucho antes de escribir una obra sobre ellos. Chaikovsky desdeña los elementos temporales del drama y se concentra en la expresión de las emociones de los dos jóvenes enamorados. Toda la obra está dominada por un impulso trágico que ominosamente pende sobre Romeo y Julieta, incapaces de librarse de la maldición que las rivalidades familiares han dejado caer sobre su suerte. El bellísimo comienzo con la aparición del hermano Lorenzo, el delicado tema de Julieta, el sombrío tema de Romeo, de resonancias wagnerianas, se despliegan en una obra cuya tensión no decae ni un solo momento y que es como un soberbio estallido de vigor creativo.

En *La tempestad, opus* 18, de nuevo encontró Chaikovsky inspiración en una obra de William Shakespeare. Fue estrenada el 7 de diciembre de 1873 en Moscú bajo la dirección de Nikolai Rubinstein.

La tempestad es una de las obras dramáticas más complejas y de mayor ambición filosófica de Shakespeare. No ha sido Chaikovsky el único músico atraído por esta obra. El suizo Frank Martin compuso con ese tema una muy notable ópera en nuestro siglo. Menos popular que *Romeo y Julieta* o *Francesca de Rimini, La tempestad* es una obra que posee, sin embargo, una gran calidad. La noble figura de Próspero; Ariel, el genio alado; Calibán, el espíritu malvado; la pareja de Fernando y Miranda; el ambiente mágico de la isla donde se encuentran todos, el mar embravecido, son evocados por una música magistralmente orquestada.

Si en las obras citadas más arriba Chaikovsky acudió a Shakespeare, en este caso también se volvió hacia un genio de la literatura universal: Dante Alighieri. En el Canto V del *Inferno* de la *Divina Commedia,* en el segundo círculo, el reservado a los lujuriosos, se cuenta el drama de Francesca de Rimini y su amante, Paolo, que, sorprendidos por el marido de ella, son asesinados. Chaikovsky se inspiró en este episodio y en una hermosísima representación plástica de él que se encuentra en las ilustraciones que hiciera Gustave Doré para la *Divina Commedia*.

Francesca de Rimini fue estrenada en Moscú el 25 de febrero de 1877 bajo la dirección de Nikolai Rubinstein. Se trata de una de las obras más poderosas y originales de su autor. La introducción orquestal, que surge con una fuerza alucinante, crea perfectamente la atmósfera obsesiva del poema y luego se entra en un universo muy peculiar donde se entremezclan sensualidad y tristeza en una combinación de espléndida belleza.

Hamlet, *opus 67*

De nuevo basada en Shakespeare y en una de sus obras más famosas. Estrenada en San Petersburgo en 1888 bajo la dirección del propio autor, la obra no se cuenta entre las más difundidas, a pesar de sus aciertos. Chaikovsky se ajusta, claro está, a un visión plenamente romántica del héroe shakesperiano, representada por una breve melodía de carácter sombrío.

Obertura 1812, *opus 49*

Entre las obras de circunstancias que compuso Chaikovsky, esta obertura se ha convertido en la más famosa. Compuesta por encargo para la inauguración de una Exposición de las Artes e Industrias Rusas, la obra, para cuya interpretación se exige la utilización de cañones y campanas, es una exaltación patriótica con el tema de la derrota napoleónica en Rusia. Los dos himnos nacionales, «La Marsellesa» y el «Dios salve al zar», se entremezclan con ruido de batallas para producir una especie de espectáculo musical, y como tal se representa en algunos países, sobre todo en Estados Unidos.

Capriccio italiano, opus 45

Estrenado en Moscú por Nikolai Rubinstein en 1880, esta obra fue compuesta por Chaikovsky en Roma durante uno de sus viajes. La obra comienza con una fanfarria y luego evoca la atmósfera de un carnaval, con sus canciones populares y sus bailes, en una sucesión constante de motivos melódicos. En su día fue una de las obras más populares e interpretadas del compositor, aunque hoy ha cedido ante otros poemas sinfónicos y oberturas mucho más elaborados y musicalmente interesantes.

Serenata para cuerdas en Do mayor, opus 48

Estrenada en un concierto privado en el Conservatorio de Moscú en 1880, la *Serenata para orquesta de cuerdas* es una de las obras más perfectas que realizara Chaikovsky. Más sinfónica que camerística, a pesar del dispositivo orquestal que requiere, la obra desprende una fragancia primaveral, y sus diferentes secciones —Pezzo in forma di sonatina; Vals; Elegía; Finale (Tema ruso)— poseen un encanto irresistible. El genio melódico del compositor se despliega en todo su esplendor en una obra que se cuenta, sin duda, entre aquellas por las que menos ha pasado el tiempo.

CONCIERTOS

Los conciertos para piano —tres— y violín figuran entre las obras más difundidas de Chaikovsky, en especial el primero de aquéllos. Son obras que por lo general exigen de los solistas un alto grado de virtuosismo y en algunos casos —como el del *Concierto para violín y orquesta*— hubo quien en su tiempo los consideró absolutamente imposibles de interpretar. Hoy, sin embargo, se encuentran en el repertorio de los principales virtuosos y son obras que se repiten con frecuencia.

Concierto para piano en Si bemol menor n.º 1», opus 23

El solista que estrenó esta obra fue nada menos que Hans von Bülow, que lo hizo en Boston el 25 de octubre de 1885, bajo la dirección de Johnson Lang.

Es una obra que se sitúa en la estela de influencia de dos grandes personalidades del romanticismo, autores de conciertos que figuran entre los más interpretados del repertorio de su época: Liszt y Schumann. Fue una obra que Nikolai Rubinstein rechazó airadamente cuando Chaikovsky se la presentó para que opinara sobre ella, tachándola de mediocre. Sin embargo posteriormente el artista reconsideró su actitud y pasó a ser su intérprete más renombrado.

Se divide en tres movimientos: Allegro non troppo e molto maestoso; Andantino semplice; Allegro con fuoco.

El concierto llamó enseguida la atención por su singularidad expresiva y su escaso convencionalismo. El arranque de la obra está formado por una frase de arrebatadora fuerza que parece dominar todo el concierto. El diálogo entre el solista y la orquesta es dinámico, como si fuera el de dos personajes dramáticos que se interrogan y responden sucesivamente, en una serie de momentos de enorme fuerza expresiva, unas veces alegre y exultante, otras de un lirismo acariciador.

Concierto para piano y orquesta n.º 2
en Sol mayor, opus 44

Se estrenó en Moscú el 11 de marzo de 1881, siendo el solista el compositor Sergei Taneiev y el director Anton Rubinstein. Se divide en tres movimientos: Allegro brillante; Andante non troppo; Allegro con fuoco. No se puede decir que sea una de las partituras más afortunadas del autor, oscurecido por la brillantez y novedad del *Concierto n.º 1.*

Concierto para piano y orquesta n.º 3, opus 75

También fue Taneiev quien tuvo a su cargo la parte solista, bajo la dirección de Napravnik, del estreno de este concierto, que se presentó tras la muerte de Chaikovsky. Éste utilizó para componerlo elementos de una sinfonía que no llegó a pasar de esbozo. Está escrito en un solo movimiento y la vivacidad y lirismo de la obra no merece el relativo olvido en que ha caído.

Concierto para violín y orquesta en Re mayor,
opus 35

Fue estrenado en Viena el 8 de diciembre de 1881. El solista fue Adolf Brodsky, siendo el director de orquesta uno de los más famosos de su época: Hans Richter.

Se divide en tres movimientos: Allegro moderato; Canzonetta; Allegro vivacissimo.

Directamente influido por la *Sinfonía española* de Edouard Lalo, el primer dedicatario fue el famoso violinista Leopold Auer, que lo rechazó considerándolo imposible de ejecutar. Chaikovsky cambió la dedicatoria, adjudicándola esta vez a Brodsky, y éste fue el encargado de hacerlo realmente popular. Desde entonces ha pasado a formar parte, junto con los de Mendelssohn, Brahms y Beethoven, del gran repertorio violinístico del siglo XIX. Es un concierto de muy difícil ejecución, que exige solistas de primerísima categoría. De ritmo trepidante y dinámico, con un movimiento central lleno de lirismo y delicadeza, es una de las obras más representativas de su autor.

Variaciones rococó para violonchelo y orquesta, opus 33

Fueron estrenadas el 18 de noviembre de 1877 en Moscú, actuando como solista Fitzenhagen, bajo la dirección de Nikolai Rubinstein.

En cierto modo esta obra es un homenaje del autor al siglo XVIII, y se divide en ocho variaciones de un tema que expone el violonchelo después de una breve introducción orquestal. Exige un notable virtuosismo por parte del solista, y es además de una belleza y elegancia excepcionales.

Chaikovsky no fue un gran compositor de música para piano aunque escribió más de un centenar de obras para este instrumento. De todas ellas la que posee un mayor valor es sin duda la colección titulada «Las doce estaciones», que ha conseguido mantener el interés de un cierto sector del público.

El origen de esta obra es muy curioso: el editor de una revista musical rusa, *Nuvellist,* pidió a Chaikovsky que escribiera una pieza para cada uno de los meses del año en que aparecía la publicación. Chaikovsky aceptó el encargo y entre diciembre de 1875 y mayo de 1876 compuso las doce piezas, cada una de las cuales lleva como título, por supuesto, el del mes correspondiente. La obra fue publicada en 1885 por el editor de Chaikovsky, Jurgenson, y de ella se han realizado diversas adaptaciones orquestales, pese a lo cual no ha sido nunca una obra especialmente popular. Sin embargo, algunas de las doce piezas poseen ese encanto peculiar de la música del gran compositor ruso: su elegante melancolía, su sentido de lo danzable, su gracia melódica.

Cuartetos de cuerda

Chaikovsky compuso sólo tres cuartetos de cuerda, acaso esta forma camerística, con su exigencia de estricta disciplina formal, se adaptaba mal a su exuberante inspiración, siempre al borde de la desmesura. Sin embargo el primero de ellos, en Do mayor, que data de 1871, ha llegado a ser muy interpretado. Muy influido por Schubert, este cuarteto es especialmente memorable por su hermo-

so segundo movimiento, el celebérrimo Andante cantabile, basado en un tema popular recogido por el propio autor —movimiento que provocó, según parece, las lágri-
mas de emoción de Leon Tolstoy cuando lo escuchó por
primera vez. De este Andante cantabile se han hecho varias versiones para gran orquesta y durante una época
disfrutó de una gran popularidad al ser interpretado in-
dependientemente del resto de la composición.

Otra de las piezas camerísticas de Chaikovsky justamente famosas es el *Sexteto para cuerdas* «Recuerdo de
Florencia», *opus* 70. Realmente como tal, como obra de
cámara, este sexteto muestra ciertos defectos de composición que lo hacen difícilmente ejecutable. Su amplitud se
aviene más a una versión para pequeña orquesta y de ese
modo ha conseguido un lugar en el repertorio. Es una
obra delicada y nostálgica, un homenaje a una ciudad
que Chaikovsky amó de manera especial y donde vivió, al
parecer, algún episodio amoroso afortunado.

LAS ÓPERAS

El siglo XIX está dominado en su primera parte por la
ópera italiana, con alguna presencia de la alemana —*Fi-
delio* de Beethoven—, pero no es hasta la segunda mitad
del siglo cuando aparecen, en estrecha unión con el sur-
gimiento del nacionalismo, óperas nacionales que en muchos casos tienen importantes elementos de afirmación
de la identidad de una cultura o de una comunidad.

En Rusia la primera gran ópera moderna surge con la
figura de Mihail Glinka, un compositor que ejerció una
gran influencia en el desarrollo del arte musical en su
país y al que, como ya hemos indicado, admiraba profun-

damente Chaikovsky. La ópera de Glinka *Una vida por el zar,* estrenada en 1836, abrió paso a una serie de obras que jalonan el siglo XIX y llegan hasta los grandes compositores del siglo XX como Prokofiev y Shostakovich, ambos eminentes operistas. *Una vida por el zar* es todavía una obra de notable influencia italiana, influencia que desaparece en la siguiente ópera del autor, *Ruslan y Liudmila.* El camino iniciado por Glinka fue seguido por otros grandes compositores como Borodin, Dargomïzhsky, Mussorgsky —el más genial de todos ellos— o Rimsky-Korsakoff, todos los cuales se pueden situar dentro del movimiento nacionalista.

No sucede lo mismo, desde luego, con Chaikovsky, que en esto también, como en otros aspectos de su labor creativa, se mostró profundamente occidentalizado, aunque las raíces rusas del compositor, su profundo conocimiento del folclore de su país, aparecen aquí y allá en sus obras más importantes siendo un elemento sustancial en otras como *Oprichnik* o *Vakula el herrero.* Chaikovsky tenía una idea muy clara de la ópera, tal y como se desprende, aparte de su trabajo creativo, de declaraciones como la siguiente, que se encuentra en una carta a la señora von Meck, datada en 1879:

Al escribir una ópera el autor debe tener constantemente presente el escenario en su mente, esto es, recordar que el teatro no sólo requiere melodías y armonías sino también acción; que no se debe abusar de la paciencia del público operístico, que no ha venido únicamente a escuchar sino también a ver; y, finalmente, que el estilo de la música teatral debe corresponderse con el de los decorados, es decir que debe ser simple, claro y coloreado.

Sin embargo, durante muchos años la música teatral de Chaikovsky era menospreciada y de las diez óperas que escribió a lo largo de su vida tan sólo dos, *Eugenio Oneguin* y *La dama de picas,* se consideraban dignas de figurar en el repertorio de los grandes teatros. El tiempo ha hecho justicia con otras obras inadvertidas en su día, como es el caso de *Mazeppa,* de *La doncella de Orléans* o de *Vakula el herrero.*

De todas estas óperas la más representada y de la que además suelen escucharse en las salas de conciertos algunos fragmentos, como su famoso Vals o su no menos interpretada Polonesa, es *Eugenio Oneguin.*

Eugenio Oneguin

Llamada «Escena lírica en tres actos», *Eugenio Oneguin* se basa en un libreto escrito por K. S. Silowsky y el hermano de Chaikovsky, Modest, derivado del poema homónimo de Aleksandr Sergueievich Pushkin, y fue representada por primera vez el 29 de marzo de 1879 por un grupo de estudiantes en el Teatro Bolshoi de Moscú.

La acción de *Eugenio Oneguin* tiene lugar en San Petersburgo a comienzos del siglo XIX y narra una típica historia de romántico amor-pasión. Se desarrolla en un ambiente aristocrático y cuenta la tortuosa historia de amor de Tatiana, una joven de carácter reservado y melancólico, que se enamora instantáneamente de Eugenio Oneguin, un individuo cínico y elegante, con fama de mundano y de donjuan, que ha llegado de visita a la casa donde vive la muchacha. Le acompaña su amigo Lenski, novio de Olga, amiga de Tatiana. Ésta decide escribir una carta a Oneguin en la que le revela su amor de un modo inocente y apasionado y le pide una cita, escena que constituye uno de los momentos más notables de la ópera. Oneguin acude pero rechaza a la joven. El acto segundo comienza con un baile en honor de Tatiana, que cumple años. Aparece Oneguin, que baila con Tatiana y luego intenta hacerlo con Olga, provocando los celos de Lenski, que en un momento de arrebato le reta a un duelo. Los dos amigos acuden al lugar donde éste debe celebrarse, y aunque en el último momento ambos parecen arrepentirse, les puede su absurdo sentido del honor y combaten. Lenski muere con el primer disparo. En el último acto nos encontramos con que han pasado seis años y se celebra una fiesta en el palacio del conde Gremin, que es ahora el esposo de Tatiana. Aparece Oneguin, que al ver a Tatiana se siente inflamado de amor por ella y arrebatadamente se le declara y le pide que huya con él. Tatiana, tras un momento de vacilación, lo rechaza finalmente.

En la obra están presentes las huellas de las tres tradiciones musicales —italiana, alemana y francesa— que más hondamente influyeron en Chaikovsky. La música popular rusa cumple aquí una función más bien decorativa. El tono de *Eugenio Oneguin* es lírico y el lenguaje musical fluye con facilidad y gracia, con movimientos de intensa poesía.

La reina de picas

Ópera en tres actos y siete cuadros sobre un libreto de Modest Chaikovsky, basado en el cuento homónimo de Pushkin. Estrenada en el Teatro Mariinsky de San Petersburgo el 19 de diciembre de 1890 bajo la dirección de Napravnik. Intérpretes: Nicolai Figner, Medea Figner, Dolina, S. M. Aleksandrovna, Jakolev. Al contrario que otros compositores importantes del siglo XIX, Chaikovsky

fue un músico que procuró escoger siempre temas litera-
rios de primera categoría, tanto como inspiración de sus
poemas sinfónicos y oberturas como de algunas de sus
óperas. En este caso volvió a Pushkin, el mayor de los
poetas rusos del siglo, inspirándose en uno de sus cuentos más hermosos aunque alterando su final para darle
una mayor consistencia dramática.

La acción se desarrolla en San Petersburgo, a principios
del siglo XIX. A través de una conversación de dos oficia-
les del ejército nos enteramos de la pasión por el juego de
su compañero Hermann, que a poco aparece acompaña-
do por el Tomski. Hermann cuenta a éste que está enamorado de Lisa, prometida del príncipe Elecki. Ésta tiene una tía a la que llaman «la dama de picas», una juga-
dora empedernida, irresistible en la mesa de juego
porque poseía el secreto de las tres cartas ganadoras. Lisa
no ama a su novio y además está muy impresionada por
Hermann. Éste entra subrepticiamente en casa de Lisa y
le declara su amor. En el acto segundo nos encontramos
con un baile de máscaras que se celebra en un palacio.
Hermann está cada vez más obsesionado por descubrir el
secreto de «la dama de picas». Entra Lisa y le da la llave
de su casa, para que acuda a visitarla. Hermann llega a la
casa, se encuentra a la condesa dormida y trata de forzar-
la a que le revele su secreto. La anciana dama se sobresal-
ta y Hermann le amenaza. Aterrada, la condesa muere.
Aparece Lisa y echa de su casa a Hermann, rompiendo
con él. En el acto tercero el fantasma de la condesa se le
aparece a Hermann y le revela su secreto: las cartas son
el siete, el as y el tres. Lisa y Hermann pasean a orillas
del Neva. La muchacha aún está enamorada de él, pero
éste sólo piensa en el juego y la rechaza. Lisa entonces se
arroja al río. En el cuadro último, en una casa de juego

Hermann juega las tres cartas, pero en lugar de salir el tres sale la reina de picas. Ante Hermann aparece, riéndose, el fantasma de la condesa. Hermann, enloquecido, se suicida.

Se ha dicho que *La reina de picas* más que una ópera realista es verdaderamente surrealista, tal es la modernidad de sus situaciones y de su lenguaje musical. Llena de tensión dramática, Chaikovsky demuestra en ella un formidable dominio de lo grotesco musical y una capacidad extraordinaria para transmitir el clima alucinatorio que preside la obra.

Mazeppa

De nuevo aquí nos encontramos con Pushkin. Esta vez se trata de su poema épico *Poltava,* escrito con fines panegíricos para honrar a la figura de Pedro I el Grande, padre de la Rusia moderna. La obra, basada en un libreto del propio autor y de V. P. Burenin, se estrenó en el Teatro Bolshoi de Moscú el 15 de febrero de 1884.

Además de Pushkin, otros poetas románticos como Victor Hugo y Lord Byron se dedicaron a cantar la figura de este héroe ucraniano, que protagonizó una rebelión contra Pedro el Grande. Liszt escribió un poema sinfónico sobre el mismo tema y Delacroix lo hizo protagonista de uno de sus cuadros más conocidos. En la ópera una joven, María, hija del ministro ucraniano de justicia Kubiukei, se enamora perdidamente de Mazeppa, jefe del ejército en Ucrania, mucho mayor que ella. María y Mazeppa se casan contra la voluntad de Kubiukei. Éste descubre una conspiración contra el zar y envía a Andrei, que está enamorado de María, para denunciar ante el zar a Mazeppa, que es uno de los implicados. El zar no le cree y sometido a tortura Kubiukei confiesa que todo es una invención suya. Condenado a muerte, es ejecutado junto con su criado Iskra. En el último acto nos encontramos en un campo de batalla en el que Mazeppa ha sido derrotado por las fuerzas del zar. Andrei se presenta e intenta matar a Mazeppa, pero éste acaba con él. Aparece María, a la que la muerte de su padre ha enloquecido, y acuna al moribundo Andrei. Mazeppa desaparece, horrorizado.

Típica ópera romántica, con elementos que la hacen digna de la inspiración de un poeta de la Inglaterra jacobea —enemistad, traición, amores contrariados, torturas, ejecución pública, muerte, locura—, *Mazeppa* es una obra tal vez un tanto desequilibrada, pero con escenas de una gran belleza, en donde, curiosamente, se ve la influencia de un músico al que Chaikovsky detestaba, como era Mussorgsky, cuyo *Boris Godunov* fue estrenada diez años antes.

Epílogo

La obra de Chaikovsky ha sufrido las fluctuaciones habituales del gusto y de las modas. Acusada de fácil y de sentimental, una gran parte de ella fue rechazada en nombre de una modernidad que hoy nos parece menos indiscutible de lo que lo era hace un par de décadas. A caballo entre el nacionalismo musical y la influencia de la música occidental, discutida por sus paisanos, finalmente aceptada en Europa y América, durante mucho tiempo una interpretación interesada de su obra se centró exclusivamente en los excesos emocionales que más de una vez la lastran y la desfiguran.

Posiblemente fue Igor Stravinsky en sus intervenciones públicas —hay que recordar aquí sobre todo sus famosas charlas en la cátedra Charles Elliot Norton de la Universidad de Harvard, recogidas en el volumen *Poética musical*— quien reivindicó más efizcamente su obra, situándola justamente como una de las mayores aportaciones musicales del siglo XIX. Chaikovsky no fue un renovador del lenguaje musical —tampoco lo fue Brahms, por ejemplo— sino el depositario de una gran tradición en la que se fundieron los influjos de Oriente y Occidente y preciosos elementos folclóricos de los pueblos que formaban el imperio ruso. Y una gran parte del descrédito en que cayó su obra en nuestro siglo se debió menos a sus defectos propios que a los de la legión de sus imitadores, que prolongaron los peores aspectos de la herencia chaikoskiana, creando un lenguaje musical empalagoso, reaccionario y sin futuro.

En la URSS, pasada la fiebre de los primeros años de la revolución bolchevique en los que se sostenía que el lenguaje de la vanguardia política debía de tener su equivalente en el de la vanguardia artística, Chaikovsky fue revalorizado. La reacción estalinista, al recuperar para la ideología oficial muchos aspectos del nacionalismo granruso, terminó por recuperar a Chaikovsky, hasta el punto de convertirlo en una especie de clásico oficial, cuya obra era situada por encima de cualquier discusión política e ideológica. En la Rusia soviética, en una admirable sucesión de directores y de virtuosos, encontró Chaikovsky unos intérpretes ideales que llevaron su música por todo el mundo. Esa curiosa coincidencia entre el nacionalismo de corte estalinista y la consideración admirativa de uno de los pontífices de las vanguardias como Stravinsky, fervientemente anticomunista, tuvo como resultado una apreciación cada día mayor de la obra del compositor.

Hoy Chaikovsky es uno de los músicos más interpretados en las salas de conciertos y sus obras son constamente objeto de reproducción fonográfica. Nuevas versiones de obras como sus tres últimas sinfonías, como el ballet *Cascanueces,* como el *Concierto n.º 1 para piano* o el *Concierto para violín y orquesta* aparecen constantemente en el mercado discográfico. Posiblemente sólo algunas sinfonías de Beethoven superen en popularidad a obras como la *Sinfonía n.º 5* o la *Patética* de Chaikovsky.

Sin embargo, más allá de las fluctuaciones de las modas y de los éxitos estrepitosos de público, queda en pie la admirable calidad de una obra de encanto verdaderamente cautivador. Chaikovsky fue un gran músico que escribió en un lenguaje que, si es abusivo decir que resulta universal, si es justo apuntar que es capaz de llegar a personas que normalmente no se sienten muy interesadas por la gran música. Su melodismo y su fascinante sentido rítmico logran llegar a gentes incapaces de soportar la escucha de una cantata de Bach o de una sonata para piano de Beethoven. Sin duda en su obra hay muchos elementos propicios a la trivialización y él mismo, que fue un artista riguroso y casi maniáticamente preocupado por la perfección, fue consciente de ello. La permanente inseguridad que revelan sus cartas y su diario tal vez se deban, en parte, a que su facilidad, su capacidad de invención melódica, le hacían a veces sospechar de su profundidad. La lucha constante entre crear una obra de verdadera hondura y esa fluidez natural que le permitió en ocasiones concluir obras complicadas en un tiempo muy corto, estableció en él una sutil y fecunda dialéctica.

«Qué súbito y qué sencillo, qué natural y qué innatural», escribió Tolstoy a su esposa al enterarse de la muerte de Chaikovsky. Un juicio que suena un tanto enigmático pero que revela algunas claves para la comprensión de la obra del gran compositor. El puritano Tolstoy, que, como Unamuno, consideraba que la música podía distraer de lo fundamental e incluso alterar de un modo peligroso el curso moral de las relaciones humanas —recuérdese su novela *La sonata a Kreutzer*—, fue capaz de entender sin embargo esa tensión entre lo artificial y lo profundamente sentido que recorre una gran parte de la música de Chaikovsky y la dota, para quien quiera esforzarse en percibir más allá de ciertas apariencias triviales, de una dimensión extraordinaria.

Chaikovsky fue un romántico en el crepúsculo del romanticismo. Contemporáneo de Bruckner, de Mahler o de Debussy, se separa de ellos porque su lenguaje musical permaneció anclado en un pasado en el cual la gracia melódica, la elegancia de la forma y la sutileza rítmica eran los valores más apreciados de una obra. Para él la música no cumplía una misión redentora o valía por sí misma, autónomamente de cualquier significado que la transcendiera, sino que debía de ser un instrumento para la comunicación de los deseos y de las esperanzas humanas. Una concepción semejante del arte puede abocar fácilmente a la banalidad y de hecho en sus peores momentos Chaikovsky es un músico que ronda un sentimentalismo que no ha resistido el paso del tiempo. Pero allí donde lo que prima es la audacia de su sentido de la invención, donde es más músico que pensador o poeta, nos encontramos con un gran compositor.

Cronología

1840 Nace Piotr Ilych Chaikovsky el 7 de mayo en Kamsko-Votkinsk, provincia de Uyatka.
1852 Ingresa en la Escuela de Jurisprudencia de San Petersburgo.
1854 Muere su madre, Alexandra Andreyeva, en junio durante una epidemia de cólera.
1856 Final de la guerra de Crimea, con la derrota de los ejércitos rusos.
1859 Concluye sus estudios de jurisprudencia.
1861 Inicia sus clases de música con Nikolai Zaremba. Largo viaje por Europa Occidental: Alemania, Bélgica, Inglaterra y Francia.
1862 Comienza sus estudios de composición con Antón Rubinstein.
1865 Primera ejecución de una de sus obras: *Danzas características*.
1866 Profesor en la Sociedad Musical Rusa, futuro Conservatorio de Moscú. Idilio (frustrado) con la cantante Désirée Artôt.
1868 Inicia su relación con Mily Balakirev.
1870 Estreno de *Romeo y Julieta*.
1872 Estreno de *El lago de los cisnes*.

1876 De viaje en París, asiste a una representación de *Carmen* de Bizet, que le impresiona vivamente.

1877 Estreno de *Francesca de Rimini*.
Conoce a Leon Tolstoy.
Inicia su relación amistosa con la señora von Meck.
Matrimonio —de catastróficas consecuencias en su vida— con Antonina Milyukova.

1878 Victoria militar rusa contra Turquía.
Estreno de la *Sinfonía n.° 4*.

1879 Estreno de *Eugenio Oneguin*.

1880 Conoce al Gran Duque Konstantin Romanov, admirador suyo, a algunos de cuyos poemas pone música.

1881 Alejandro II muere en un atentado.
Estrena *La doncella de Orléans*.

1884 Se ve obligado a volver de París y acudir a su país para recibir la medalla de la Orden de San Vladimiro de cuarta clase.

1887 Conoce a Brahms, con el cual hace buena amistad aunque no le gusta su música, y a Edward Grieg, que se convierte en uno de sus mejores amigos.

1890 Estreno de *La bella durmiente*.
Termina de componer *La reina de picas*.
El 6 de octubre recibe una carta en la que la señora von Meck le informa, engañosamente, de que está arruinada.

1891 Viaje triunfal por los Estados Unidos.
Estreno de *Cascanueces*.

1892 Estreno de *El voyevoda*.
Conoce a Gustav Mahler en Hamburgo y le califica de «genio» en una de sus cartas.

1893 Estrena su *Sinfonía n.° 6* el día 28 de octubre y por

sugerencia de su hermano Modest le añade el subtítulo de *Patética*.

El 6 de noviembre muere durante una epidemia de
cólera, aunque hay sospechas de que su falleci-
miento se debió a un suicidio.

Obras fundamentales

Sinfonías n.ᵒˢ 4, 5 y 6
Concierto para piano y orquesta n.º 1
Concierto para violín y orquesta
Variaciones rococó para violonchelo y orquesta
Serenata para orquesta de cuerdas
Recuerdo de Florencia
Romeo y Julieta
Francesca de Rimini
La tempestad
Capricho italiano
Eugenio Oneguin
Mazeppa
La reina de picas
Cascanueces
La bella durmiente
El lago de los cisnes
Cuarteto de cuerda n.º 1

Índice

Últimos títulos de la colección: